AF107323
www.ingramcontent.com/pod-product-compliance
Lightning Source LLC
LaVergne TN
LVHW010403070526
838199LV00065B/5882
9789358726510

زندگی اے زندگی

(انتخابِ کلام)

دِواکر راہی

© Divakar Rahi

Zindagi aye Zindagi *(Poetry)*

by: Divakar Rahi

Edition: December '2024

Publisher :

Taemeer Publications LLC (Michigan, USA / Hyderabad, India)

ISBN 978-93-5872-651-0

9 789358 726510

مصنف یا ناشر کی پیشگی اجازت کے بغیر اس کتاب کا کوئی بھی حصہ کسی بھی شکل میں بشمول ویب سائٹ پر اَپ لوڈنگ کے لیے استعمال نہ کیا جائے۔ نیز اس کتاب پر کسی بھی قسم کے تنازع کو نمٹانے کا اختیار صرف حیدرآباد (تلنگانہ) کی عدلیہ کو ہو گا۔

© دِواکر راہی

کتاب	:	**زندگی اے زندگی** (انتخاب کلام)
مصنف	:	**دِواکر راہی**
صنف	:	شاعری
ناشر	:	تعمیر پبلی کیشنز (حیدرآباد، انڈیا)
سالِ اشاعت	:	۲۰۲۴ء
صفحات	:	۱۰۴
سرورق ڈیزائن	:	تعمیر ویب ڈیزائن

ہماری زندگی ایسی ہے جیسے گیسوئے جاناں
پریشاں ہے مگر کتنی حسیں معلوم ہوتی ہے

وہ ایک شب جو گزاری ہے ایک پل کی طرح
زمانہ چاہیے اُس شب کی داستاں کے لیے

خوشا کہ تم یہ سمجھ جاؤ۔ غازیِ گفتار!
کہ اختصار ضروری ہے خوش بیاں کے لیے

ہم کو بھی ہوا کرتا ہے تکلیف کا احساس
شاید تمھیں اِس بات کا احساس نہیں ہے

وہ شخص مری رائے میں شاعر نہیں۔ راہیؔ!
انسان کی فطرت کا جو عکّاس نہیں ہے

لاکھ ڈھونڈا زہد و تقویٰ کی نمائش گاہ میں
پارسا جیسے بہت تھے پارسا کوئی نہ تھا

ناشناسانِ خدا منصور کو سمجھے غلط
ذہن میں اُس کے بجز ذاتِ خدا کوئی نہ تھا

میں مقلّد نہیں فطرت سے کہ میں موجد ہوں
ذہن و دل جس کے مقیّد ہوں میں اس کی ضد ہوں

میں سرِ عام پیا کرتا ہوں اب لے رندو!
مجھ کو الزام نہ دیجے کہ میں اک زاہد ہوں

یہ بھی سچ ہے کہ میں ناواقفِ آداب نہیں
یہ بھی سچ ہے کہ میں اس بزم میں نووارد ہوں

دیکھا ہے خرد والوں کو آپس میں الجھتے
دیوانے کو دیوانے سے لڑتے نہیں دیکھا

ہم نے تو کسی بات پہ میخانے کے اندر
شیخ اور برہمن کو جھگڑتے نہیں دیکھا

تجھ سے تری تصویر ہی بہتر ہے کہ اُس کو
اظہارِ محبت پہ بگڑتے نہیں دیکھا

ان کو آنے دے۔ گردشِ دوراں!
پھر میں تیرا مزاج پوچھوں گا

گردشِ وقت! باز آ۔ ورنہ
انتقاماً شراب پی لوں گا

دوستوں سے بچائیے۔ راہی!
دُشمنوں سے میں خود نبٹ لوں گا

محفلِ ناز میں کوئی غلط انداز نہ ہو
جو کہو دل سے کہو۔ ہاں مگر آواز نہ ہو

خود بدل سکتا ہوں میں اپنا مقدّر لیکن
شرط یہ ہے کہ مشیّت دخل انداز نہ ہو

کیا ضروری ہے کہ ہم شعر کہیں جب۔ راہی!
علم کا فیض نہ ہو۔ فکر کی پرواز نہ ہو

اجاڑے ہیں گلستاں تم نے جن ہاتھوں سے دیوانو!
اگر تم چاہتے تو ان سے ویرانے سنور جاتے

شبِ تاریک کے ماحول سے گھبرا کے پروانے
نہ جاتے شمعِ روشن کی طرف تو پھر کدھر جاتے؟

بہت بدنام ہو جاتا شعورِ مے کشی۔ واعظ!
اگر رندانِ میخانہ تمھاری بات پر جاتے

راہب ہو شیخ ہو کہ برہمن ہو۔ اصل میں
کوئی نہیں ہے محرمِ اسرارِ زندگی

کیا زندگی کو اور کوئی نام دوں کہ آج
آتے نہیں نظر کہیں آثارِ زندگی

راہی! جو دل میں آئے زمانہ کہے مگر
میرا سخن ہے مظہرِ انوارِ زندگی

عدو کو دوست لیڈرے کو رہنما کہہ دے
یہ مصلحت کی زباں کب نہ جانے کیا کہہ دے

وہ بے وفا ہیں ہر اک کی نگاہ میں لیکن
مجال ہے کہ کوئی ان کو بے وفا کہہ دے

کوئی تو بات ہے ورنہ یہ کیسے ممکن ہے
کہ بُت سی چیز کو بھی برہمن خدا کہہ دے

ناصح! جو چاہے کہیے مگر اختصار سے
واقف نہیں ہیں آپ غمِ روزگار سے

کچھ ایسے تجربات ہوئے ہیں بہار میں
دل کانپ کانپ اُٹھتا ہے ذکرِ بہار سے

راؔہی اِسی اُمید پہ زندہ ہے آج تک
شاید کوئی پکار لے اُس کو بھی پیار سے

باغباں خفا کیوں ہے۔ ہم اگر نہیں کہتے
قصۂ تباہی کیا بال و پر نہیں کہتے؟

اختلاف بس یہ ہے مصلحت شعاروں سے
کبھی صبحِ کاذب کو ہم سحر نہیں کہتے

اس لیے کہ ہم حق بات صاف صاف کہتے ہیں
ہم کو مصلحت پیشہ معتبر نہیں کہتے

ہم نے دیکھا ہے منزلِ مقصود
عزمِ محکم کے پاؤں دھوتی ہے

میرے رونے کی کچھ نہیں قیمت
اُن کی آنکھوں کا اشک موتی ہے

میری حالت پہ آج کل۔ راہیؔ!
صبح ہنستی ہے شام روتی ہے

ہم خلوصِ دل سے چاہیں اور خدا توفیق دے
اک دیے سے اپنے جل سکتے ہیں نیلکے چراغ

آشیانے کو ملا کرتی ہے جن سے روشنی
آشیانہ پھُونک دیتے ہیں وہی جلتے چراغ

گرمیِ خونِ شہادت سے یہ کس نے ہر طرف
ظلمتِ باطل میں روشن کر دیے حق کے چراغ

جو اخلاص کا آج دم بھر رہے ہیں
وہ کل تک بڑے کینہ پرور رہے ہیں

جنھوں نے پلائی نہیں صرف پی ہے
وہی تشنہ لب زندگی بھر رہے ہیں

جو ہے وہ کسی کی نظر میں نہیں ہے
جو ناپید ہے اس سے سب ڈر رہے ہیں

پیش قدمی کے تو یہ معنی نہیں
پیچھے مُڑ کر آپ دیکھیں بھی نہیں

لاکھ طوفانوں نے چاہا آج تک
کشتیِ عزم و عمل ڈوبی نہیں؟

کوئی ہے جس کو کسی عنوان بھی
اپنے بارے میں غلط فہمی نہیں

محفل میں کل جو اُن سے مُلاقات ہوگئی
کچھ بات کر نہ پائے مگر بات ہوگئی

مدّت سے چل رہے تھے اسی ایک راہ پر
کیوں راستہ بدل دیا کیا بات ہوگئی

کیوں میکدے سے تشنہ دہن جا رہے ہیں آپ
کیا بات آج قبلۂ حاجات ہوگئی

مجھ پر جو فرض تھا اُسے میں نے ادا کیا
جو بھی پیام مجھ کو ملا تھا سُنا دیا

ہم نے حسین خوابوں کی تعبیر کے لیے
جو لوگ محوِ خواب تھے اُن کو جگا دیا

سب کچھ مجھے پتا ہے مگر پھر بھی۔ باغباں!
کہتا ہوں بجلیوں نے نشیمن جلا دیا

آ گیا مجھ کو خیال آپ کی رُسوائی کا
ورنہ کچھ دُور نہ تھی جوشِ جنوں کی منزل

ان کی نظروں میں محبّت ہے جنوں کا آغاز
ہم سمجھتے ہیں محبّت کو جنوں کا حاصل

مصلحت شیخ و برہمن کی یہی ہے راہیؔ!
لوحِ باطل پہ رہیں حق کے نقوشِ باطل

وقت کی پابند ہے راہِ حیات
اس کے آگے راستہ مسدود ہے

مذہبیّت آبِ زمزم ہے مگر
آگ لگ جائے تو وہ بارُود ہے

سوچیے تو حق ہے گلزارِ خلیل
اور باطل آتشِ نمرود ہے

نہ کر سکیں گے وہ اہلِ چمن چمن بندی
جنھیں ہے فکر فقط اپنے آشیانے کی

وقارِ دیر و حرم بھی نظر میں ہے لیکن
کچھ اور چیز ہے عظمت شراب خانے کی

خرد ہو حائلِ راہِ طلب تو اے راہیؔ!
ہر اک قدم پہ ضرورت ہے تازیانے کی

نظمِ عالم کو بدلنے کے لیے ہم گھر سے
نکل آئے ہیں کفن باندھ کے اپنے سر سے

اب کہاں ہیں ہمیں خود ہی نہیں معلوم مگر
صرف یہ یاد ہے اُٹھّے تھے کسی کے در سے

ہم نے اس طرح گزاری ہے حیات۔ اے راہیؔ!
دھوپ کی جب بھی دُعا مانگی تو بادل برسے

مسندِ شاہی پہ باطل۔ دار پہ حق۔ دوستو!
ہم نے دیکھا ہے یہ کتنی بار۔ ہم سے پوچھیے

ہم سمجھتے ہیں نشاط و غم کا ربطِ باہمی
پھول کے پہلو میں کیوں ہیں خار۔ ہم سے پوچھیے

ہم نہیں کہتے ہیں۔ راہیؔ! بہرِ تفریحِ مزاج
شعر گوئی کا ہے کیا معیار۔ ہم سے پوچھیے

پانچ وقتوں کے نمازی! تجھے معلوم بھی ہے
میں جو اک اشک بہا دوں تو عبادت ہو جائے

شکوۂ جور بغاوت ہے تو پھر مظلومو!
ایسی آواز اُٹھاؤ کہ بغاوت ہو جائے

ہائے۔ کچھ سُست قدم مارے حسد کے راہیؔ!
تیز رَو کے لیے کہتے ہیں کہ غارت ہو جائے

یہ سچ ہے ہم بہکتے ہیں مگر پی کر بہکتے ہیں
ذرا واعظ کو تو دیکھو کہ ذکرِ جام پر بہکے

بہکتے ہیں وہی جو طاقتِ پرواز رکھتے ہیں
قفس میں کیسے کوئی طائرِ بے بال و پر بہکے

نگاہیں اُٹھ رہی ہیں آج تم پر ساری دُنیا کی
نہ جانے زمانہ کیا کہے گا تم اگر بہکے

محبت کی عجب رُوداد ہیں ہم
لُٹے بیٹھے ہیں اور آباد ہیں ہم

ہزاروں غم ہیں لیکن شاد ہیں ہم
کچھ ایسے خوگرِ بیداد ہیں ہم

ابھی باقی ہے ذہنوں کی غلامی
مگر یہ زعم ہے آزاد ہیں ہم

یہ عزم ہے کہ فضاؤں کو پُربہار کریں
تو آؤ نظمِ گلستاں کو استوار کریں

خوشی سے میری وفا پر وہ شک کریں لیکن
وہ پہلے اپنی جفا کا تو اعتبار کریں

غمِ حیات بُھلانے کے واسطے راہیؔ!
چلے بھی آؤ کہ کچھ دیر ذکرِ یار کریں

دُنیا والے تجھے۔ معلوم ہے۔ کیا کہتے ہیں
بے وفا! تجھ کو ہمیں جانِ وفا، کہتے ہیں

جس کے اوصاف بیاں کرتے ہیں بُت کے آگے
برہمن بُت کو نہیں اُس کو خدا کہتے ہیں

رہنما کہہ کے ہمیں ۔ طنز نہ کیجے۔ راہیؔ!
لوگ رہزن کو بھی اب راہنما کہتے ہیں

دیر و کعبہ کو منافق ترا گھر کہتے ہیں
حق پرست ان کو تری راہ گذر کہتے ہیں

جن کے سینے میں فروزاں ہیں امیدوں کے چراغ
ظلمتِ شب کو وہ تمہیدِ سحر کہتے ہیں

میرے شعروں پہ کوئی کچھ بھی، کہے۔ اے راہیؔ!
مجھ کو معلوم ہے۔ جو اہلِ نظر کہتے ہیں

نظر میں برہمی ابرو پہ بل ہے
یہ میرے پیار کا ردِّ عمل ہے؟

کسی بھی نام سے اُس کو پکاریں
فقط الفاظ کا ردّ و بدل ہے

مرا انداز ہے مخصوص۔ راؔہی!
یہ غالب کی نہیں میری غزل ہے

کسی عنوان دل کی بات اُن سے کہہ نہیں پاتے
کبھی آنکھیں بھر آتی ہیں تو آنسو بہہ نہیں پاتے

سیاست اور کچھ ہوتی اگر۔ مذہب کے دیوانو!
سیاست کے علمبردار تم سے رشتہ نہیں پلتے

یہ تلقینِ شعورِ ضبطِ گریہ ٹھیک ہے لیکن
کچھ ایسے غم بھی ہوتے ہیں جنھیں ہم سہہ نہیں پلتے

آدمیّت کا ہے دعویٰ تو وضاحت کیجے
"آپ ہندو تو نہیں۔ آپ مُسلماں تو نہیں"

تجھ کو انسان تو کہہ دوں میں خوشی سے لیکن
یہ بتا دے کہ تو اِس دَور کا انساں تو نہیں

اور جیسا بھی کوئی ہو کہ نہ ہو۔ اے راؔہی!
ان کی محفل میں کوئی مجھ سا غزل خواں تو نہیں

میں غریب و ناتواں ہوں مگر آپ کے کرم سے
مرا دل بہت غنی ہے مرے پاس کیا نہیں ہے

جسے دیکھیے وہی ہے مرا غم گسار لیکن
مرے واسطے جو تم ہو کوئی دوسرا نہیں ہے

مجھے ڈوبنے کا خدشہ نہیں اس لیے کہ راؔہی!
مرے ساتھ بحرِ غم میں کوئی ناخدا نہیں ہے

میں حق پرست ہوں مصر ہوں اس لیے شبیر!
تمہیں کو فاتحِ عالم قرار دیتا ہوں

جو چاہتے ہیں اُجالا کہوں اندھیرے کو
اُنھیں یہ علم نہیں ہے کہ میں تمھارا ہوں

میں کیا کروں کہ عقیدت کے جوش میں - راہی!
حُسین، لکھتا ہوں لیکن حُسین، پڑھتا ہوں

ایسا چاہا ہے کہ تم میرے خدا ہو جیسے
اب یہ مرضی ہے تمھاری مجھے چاہو جیسے

اُس نے ہر موڑ پہ گمراہ کیا ہے مجھ کو
لیکن ایسے کہ مرا راہنما ہو جیسے

لُوٹنے والے کا انداز تو دیکھو - راہی!
وہ مرے ساتھ سرِ راہ لُٹا ہو جیسے

خرد راہِ حق میں جہاں آگئی ہے
وہیں حدِ وہم و گماں آگئی ہے

خبر بھی ہے تجھ کو پرستارِ ماضی!
کہ دُنیا کہاں سے کہاں آگئی ہے

سمجھتے تو سب کچھ ہیں شیخ و برہمن
مگر مصلحت درمیاں آگئی ہے

وہ کون ہیں کیسے ہیں ہم خوب سمجھتے ہیں
جو حُسن پرستی کو معیوب سمجھتے ہیں

واعظ ہے کہ وہ ہم کو گُمراہ سمجھتا ہے
اور ہم ہیں کہ واعظ کو معتوب سمجھتے ہیں

ہوں جس کے پسِ پردہ اغراضِ سیہ کاری
ہم ایسی عبادت کو معیوب سمجھتے ہیں

یہ ربط وہ ہے جسے مصلحت سے کم نہ سمجھ
جنابِ شیخ کو گرویدۂ حرم نہ سمجھ

سکونِ دل کے لیے کوششیں بجا ہیں مگر
علاجِ غم ہے فقط یہ کہ غم کو غم نہ سمجھ

شعورِ حُسن پرستی کی بات رکھ۔ راہیؔ!
ہر اک مجسمۂ حُسن کو صنم نہ سمجھ

نظمِ عالم نہ منتشر ہو جائے
اپنی زلفیں سنوارتے رہیے

آئینے کی طرح ہر انساں کا
عکس دل میں اُتارتے رہیے

جیتنے کے لیے اُنھیں راہیؔ!
اُن سے ہر شرط ہارتے رہیے

ہر تبصرہ نگار کی مجھ پر نظر تو ہے
گویا مرے کلام میں اتنا اثر تو ہے

تو سامنے نہیں ہے نہ ہو۔ رہبرِ حیات!
لیکن تری بتائی ہوئی رہگذر تو ہے

یہ اور بات ہے کہ سمجھ میں نہ آسکے
ہر گوشۂ حیات پہ میری نظر تو ہے

آکے منزل پہ بھٹک جاتے ہیں گاہے گاہے
کچھ فریب ایسے بھی ہم کھاتے ہیں گاہے گاہے

چاند کی ضو جیسے دشت پہ جیسے چھا جائے
یوں تصور پہ وہ چھا جاتے ہیں گاہے گاہے

جیسے دیتی ہوں چٹکتی ہوئی کلیاں آواز
یوں قدم اُن کے قریب آتے ہیں گاہے گاہے

سکونِ دل کے لیے جستجوئے پیہم ہے
اسی لیے مجھے اپنا نہیں ترا غم ہے

اگر ہو ایک بھی لغزش تو وہ بھی کیا کم ہے
کہ بھولنا بشریّت ہے خوئے آدم ہے

کوئی تو بات ہے اس دور میں جو آرہی ہے!
ہر ایک سمت سراسیمگی کا عالم ہے

عمل مفقود ہو اور کام چلتا ہو سہاروں سے
بشر پھر پوچھتا ہے حالِ مستقبل ستاروں سے

قبل اس کے کہ مشقّت کا پسینہ سوکھے
یہ ضروری ہے کہ مزدور کو اُجرت دے دو

کہاں ہم جو اُٹھا لیتے ہیں بڑھ کر ہاتھ میں ساغر
کہاں وہ جو ہمیشہ تشنگی کی بات کرتے ہیں

خزاں کی تیرہ شبی کا مآل کیوں پوچھو؟
نمودِ صبحِ بہاراں کا انتظار کرو

جو چاہتے ہو کہ سب تم پہ اعتبار کریں
تو اپنے آپ پہ خود پہلے اعتبار کرو

اک انقلاب ہے آنے کو اس لیے راہیؔ!
ابھی سے اس کے لیے ذہن استوار کرو

سُنا ہے شیخ درِ میکدہ پہ بیٹھے ہیں
انھیں بُلاؤ وہ جو کبھی کہیں سُنا جائے

سوال یہ نہیں ہے کون پارسا کی طرح
سوال یہ ہے کسے پارسا کہا جائے

ہم اہلِ چشمِ بصیرت ہیں اس لیے راہیؔ!
اُدھر ہی کیوں چلیں جس سمت راستا جائے

یہ میکدہ ہے تمھیں اس کا کچھ خیال بھی ہے
یہیں عروج ہے رندو! یہیں زوال بھی ہے

سمجھ کے کہنا ذرا قصّۂ تجلّیِ طور
مری نگاہ میں اک پیکرِ جمال بھی ہے

تصوّرات کے صدقے کہ آج۔ اے راہیؔ!
شبِ فراق بھی ہے اور شبِ وصال بھی ہے

لاکھ یہ طنز کیا جائے کہ میں کافر ہوں
میں تو بُتم کی پرستش سے مگر قاصر ہوں

باہمی بُغض و تعصّب کو مٹانے کے لیے
کسی شاعر کی ضرورت ہو تو میں حاضر ہوں

اور جو کچھ ہے بہت غیر اہم ہے راہیؔ!
اک یہی اصل تعارف ہے کہ میں شاعر ہوں

ہم ہر اک حال میں کہتے ہیں کہ حال اچھا ہے
حال کچھ بھی ہو مگر۔ ہاں۔ یہ خیال اچھا ہے

جامِ زرّیں تجھے جنّت کے مُبارک۔ زاہد!
مے سے لبریز مرا جامِ سفال اچھا ہے

آج اوصاف پہ جاتی ہے بھلا کس کی نظر
جو بھی بازار میں چل جائے وہ مال اچھا ہے

ہر چیز دُور سے نظر آتی ہے خوشنما
وہ کتنی خوشنما ہے ذرا پاس جا کے دیکھ

خواہش نہ پھر رہے گی مئے ناب کی تجھے
میخانۂ حیات کا در کھٹکھٹا کے دیکھ

بیداریوں کے خواب کی تعبیر کے لیے
جو لوگ محوِ خواب ہیں اُن کو جگا کے دیکھ

جو نورِ صبح تھا پہلی کرن سے وابستہ
وہی تو ہے مرے رنگِ سخن سے وابستہ

اسی لیے تو زمانہ خلاف ہے مجھ سے
کہ ہو گیا ہوں تری انجمن سے وابستہ

میں انقلاب کا حامی ہوں اس لیے راہیؔ!
مرا جہاد ہے دار و رسن سے وابستہ

جب سے حیاتِ نو کے تقاضے بدل گئے
لوگوں کے سوچنے کے طریقے بدل گئے

رکھّے ہیں جب سے چاند پہ انسان نے قدم
قدروں کی بات کیا ہے عقیدے بدل گئے

اب بھی وہی ہیں جبر و ستم کی روایتیں
یہ اور بات ہے کہ زمانے بدل گئے

لطف و کرم با دیدۂ نم
اُف یہ ترا اندازِ ستم

ایک ہی شے ہے شیخِ حرم
تیرا خدا اور میرا صنم

پہچانو گے اُس کو مگر
دل سے زیادہ عقل سے کم

طوفان سے لرز کے جو اوسان کھوئے ہے
وہ ناخدا خود اپنا سفینہ ڈبوئے ہے

مذہب کا جب جنون اُٹھے ہے تو دوستو!
شیطان جاگ جائے ہے انسان سوئے ہے

جب زندگی نہیں ہے عمل آشنا تو شیخ!
بے کار کیوں یہ بوجھ عقیدوں کا ڈھوئے ہے

سب کی نگہِ رشک میں ہم آئے ہوئے ہیں
جس روز سے ہم آپ کے ہمسائے ہوئے ہیں

صد حیف کہ اب بھی نہ ہوئی اُن سے ملاقات
یہ سن کے ہم آئے تھے کہ وہ آئے ہوئے ہیں

اک جائے مقدّس ہے تری انجمنِ ناز
شیخ اور برہمن یہیں ہم لائے ہوئے ہیں

جب وہ مجھے دیکھے ہے مرے خرمنِ دل پر
اک برق سی گر جائے ہے انداز تو دیکھو

آئینے میں خود اپنا ہی عکسِ رُخِ زیبا
وہ دیکھ کے شرمائے ہے انداز تو دیکھو

مے خانے میں پینے کے لیے بھیس بدل کر
اک پارسا روز آئے ہے انداز تو دیکھو

مرے چمن کے نگہباں کا کچھ وقار تو ہو
مگر بہار جو آئی ہے وہ بہار تو ہو

میں دوستوں کو بناؤں تو ہم نوا لیکن
خود اپنے آپ پہ کچھ مجھ کو اختیار تو ہو

وفا کا نام بھی لینا ہے جرم۔ اے راہیؔ!
وفا کا دَم جو بھرے وہ وفا شعار تو ہو

بھکاری بن کے ہم راہِ طلب میں در بَدر جائیں
تو ایسی زندگانی سے یہ بہتر ہے کہ مر جائیں

نہ دُنیا کے رہیں اور دین سے بھی ہاتھ دھو بیٹھیں
اگر شیخ و برہمن! ہم تمھاری بات پر جائیں

ذرا سنجیدگی سے سوچ۔ کیا انجام ہو راہیؔ!
کبھی مہر و مہ و انجُم جو اک لمحہ ٹھہر جائیں

احساسِ کمتری کا جو مارا ہے ساتھیو!
بازی ہر اک قدم پہ وہ ہارا ہے ساتھیو!

نیکی بدی کے آگے نہ ہو جائے سرنگوں
یہ دیکھنے کا کام تمہارا ہے ساتھیو!

ایسا نہ ہو کہ تھک کے کہیں بیٹھ جاؤ تم
منزل نے آج تم کو پکارا ہے ساتھیو!

عبث الزام دیتا ہے زمانہ شمعِ محفل کو
خود اپنی آگ میں کم بخت جل جاتا ہے پروانہ

نہیں ممکن کہ اربابِ نظر یہ سوچ بھی پائیں
کہ اپنے دل میں کیا کیا سوچتا رہتا ہے دیوانہ

بہت آسان ہے، دو گھونٹ پی لینا تو اے راؔہی!
بڑی مشکل سے آتے ہیں مگر آدابِ میخانہ

کس عالمِ تلاش میں جانے وہ کھو گئے
جو زندگی سے رُوٹھ گئے اور سو گئے

جس طرح ایک عمر کے بچھڑے ہوئے ملیں
اس طرح ہونٹ جام سے پیوست ہو گئے

راہیؔ ! یہ فاصلہ نہ ہو صدیوں کا فاصلہ
منزل کے پاس آکے مِرے پاؤں سو گئے

جرأت اگر نہیں ہے بغاوت نہ کیجیے
لیکن کبھی ستم کی حمایت نہ کیجیے

جنّت کی آرزو میں عبادت نہ کیجیے
مذہب کی آڑ لے کے تجارت نہ کیجیے

ناصح کا یہ خلوص رقابت نہ ہو کہیں
ہم سے یہ کہہ رہا ہے محبّت نہ کیجیے

ہم پہ برہم گردشِ ایّام ہے
کیونکہ حق گوئی ہمارا کام ہے

سنگِ اسود کی قسم! اے شیخِ حرم!
بُت کدہ تو مفت میں بَدنام ہے

حکمرانو! خواہشاتِ نفس پر
حکمرانی سب سے مشکل کام ہے

وہ پھر مرے دل پر نہ کریں گے کوئی تنقید
رکھ دیجیے آئینہ ذرا اُن کے مُقابل

اچھّی ہے اصولوں کی دُہائی مگر اس میں
ہو جائے کہیں مصلحتِ وقت نہ داخل

راہیؔ! مجھے یاد آتے ہیں تاریخ کے اوراق
زنداں سے جب آتا ہے کبھی شورِ سلاسل

جب سے یارب نگہِ شمس و قمر ہے مجھ پر
تیرا سایہ ہی بہ عنوانِ دگر ہے مجھ پر

تلخیٔ گردشِ دوراں کا اثر ہے مجھ پر
غالباً اس لیے ساقی کی نظر ہے مجھ پر

غور تو کرتا نصیحت پہ تری اے ناصح!
سایۂ حُسنِ رُخِ یار مگر ہے مجھ پر

کس قدر بے لوث اور بے باک ہے
یہ جو دیوانہ گریباں چاک ہے

سچ تو یہ ہے آدمی کے واسطے
خوش مزاجی اِک حسیں پوشاک ہے

ہے بجائے خود بنائے کائنات
آدمی جو ایک مشتِ خاک ہے

کچھ اُن کی یاد راہ سے بھٹکا گئی مجھے
کچھ فطرتاً پسند ہے آوارگی مجھے

وہ کیا گئے کہ کھو گیا اُن کے خیال میں
محسوس ہو رہی ہے خود اپنی کمی مجھے

اُس کا ہی عکس ہے مری چشمِ حیات میں
سیراب کر رہی ہے مری تشنگی مجھے

۔۔۔۔۔

آج ماحول میں اُداسی ہے
نگہِ یار کچھ خفا سی ہے

خون برسا ہے روزِ اوّل سے
اور ابھی تک زمین پیاسی ہے

سچ کہا ہے پیمبرِ حق نے
خود شناسی خدا شناسی ہے

۔۔۔۔۔

سنتے آئے ہیں فسانے تو فسوں کے لیکن
اُن کو دیکھا تو یہ جانا کہ فسوں کیا شے ہے؟

اک عجب دَورِ کشاکش سے گزر کر اے دوست!
اب یہ احساس ہوا ہے کہ سکوں کیا شے ہے؟

میں سمجھتا ہوں مگر اپنے ہی منہ سے راہیؔ!
میرا اندازِ سخن کیسے کہوں کیا شے ہے؟

جاذبیت جو اُن کی ذات میں ہے
وہ کہاں حُسنِ کائنات میں ہے

ہم اسیروں سے پوچھ۔ اے صیّاد!
جو مسرّت غمِ نجات میں ہے

اجتماعِ عناصرِ ضدین
واعظِ محترم کی ذات میں ہے

میں دولت کا سمندر جوڑ لیتا
مگر حائل مری دَریا دِلی تھی

کہاں ہے وہ رَواداری جو ہم کو
بزرگوں سے وراثت میں ملی تھی

بڑی مشکل سے ہم سنبھلے ہیں راہیؔ!
اصولوں سے غرض ٹکرا گئی تھی

جانے کب کون لیے ہاتھوں میں پتّھر آئے
جو بھی اِس راہ میں آئے وہ سنبھل کر آئے

اب ضروری ہے زمانے کو بدلنے کے لیے
پھر کوئی اور محبّت کا پیمبر آئے

حق کا پیغام سُنانے کے لیے ہم - راہیؔ!
گھر سے نکلے تو ہر اک سمت سے پتّھر آئے

مزاجِ زلف تغافل ہزار برہم ہو
مگر چراغِ محبّت کی لو نہ مدّھم ہو

مری حیات کا مقصد ہے اس طرح جینا
کہ موت آئے تو اس کا بھی خیر مقدم ہو

وہاں بھی دل نہ جلائیں تو کیا کریں راہیؔ!
جہاں چراغ جلیں اور روشنی کم ہو

نشۂ زر میں چور ہیں کچھ لوگ
کس قدر بے شعور ہیں کچھ لوگ

آدمی تو ضرور ہیں لیکن
آدمیّت سے دور ہیں کچھ لوگ

پاس ہوتے ہوئے بھی اے راہیؔ!
میرے نزدیک دور ہیں کچھ لوگ

خود اپنے ہی گلستاں کو بیاباں کون کہہ دے گا
میں کہہ بھی دوں تو میری بات پر ہاں کون کہہ دے گا

مری نظروں میں ہیں دیر و حرم یکساں تو۔ اے واعظ!
مجھے نامحرمِ اسرارِ یزداں کون کہہ دے گا

میں شاعر ہوں میں دیدہ ور ہوں میں حسّاس ہوں راہی!
مجھے بیگانۂ چشمِ غزالاں کون کہہ دے گا

آج تک بن نہ سکا پیرہنِ لالہ و گُل
اُن کے دامن کی طرح میرے گریباں کی طرح

ہم بھی چلتے تری جنّت کو مگر۔ اے واعظ!
تیری جنّت ہی نہیں کوچۂ جاناں کی طرح

ہم نے سُلجھائے بہت اپنے مسائل راہی!
وہ اُلجھتے ہی گئے گیسوئے پیچاں کی طرح

جذبِ کامل کا اک معجزا دیکھیے
آئیے۔ مجھ میں اپنی ادا دیکھیے

کیا ارادے ہیں۔ راہیؔ! کہاں چل دیئے
وقت پہچانیے اور فضا دیکھیے

آدمیت کا دیا پیغام۔ تیرا شکریہ
شکریہ پیغمبرِ اسلامؐ! تیرا شکریہ

بڑھ گئی ہے شدتِ عزم و عمل کچھ اور بھی
اے مسلسل کوششِ ناکام: تیرا شکریہ

ممکن نہیں کہ شکوۂ بیداد کر سکیں
انداز دیکھیے نگہِ شرمسار کے

افسردگیِ خاطرِ ناشاد۔ الاماں!
اب کے بھی یوں ہی بیت گئے دن بہار کے

تو خود بتا کہ مے کہیں یا میکدا کہیں
تیری شراب ریز نگاہوں کو کیا کہیں

ماضی کا احترام اگر فرض ہے تو شیخ!
کعبے کو کیوں نہ اہلِ نظر بتکدا کہیں؟

تری نظروں میں کافر ! ہم اگر بہکے ہوئے سے ہیں
تو دُنیا کے سبھی اہلِ نظر بہکے ہوئے سے ہیں

نہ جانے کیا پلا دی ہے نسیمِ صبح گاہی نے
کہ زنداں میں سبھی بے بال و پر بہکے ہوئے سے ہیں

بے خودی کے نئے افسانے رقم ہوتے ہیں
رند جب شاملِ اربابِ حرم ہوتے ہیں

میں تو اندیشۂ انجام سے کانپ اُٹھتا ہوں
جب ستم اُن کے بہ اندازِ کرم ہوتے ہیں

تشنہ کامی کا ہیں یہ مفہوم سمجھا ہوں حسین!
جو نہ آئے آپ کی محفل میں تشنہ کام ہے

تم مٹے لیکن تمھیں مٹنے نہ دیں گے ہم حسین!
وہ تمھارا کام تھا اور یہ ہمارا کام ہے

لوگ سمجھیں نہ تم کو دیوانہ
کبھی حالات کا گلا نہ کرو

کوئی تم سے دغا کرے تو کرے
تم کسی سے کبھی دغا نہ کرو

دیدارِ یار کا ہے تجھے حق نگاہِ شوق
لیکن یہ شرط ہے کہ کوئی درمیاں نہ ہو

راہیؔ تری تلاش میں نکلا تو ہے مگر
اب کیا خبر۔ غریب کہاں ہو کہاں نہ ہو

کس لیے شیخ! اس قدر محتاط
اور غضب یہ کہ عمر بھر محتاط

اک ہمیں کیا ہیں اُن کی محفل میں
ہم نے دیکھی ہے ہر نظر محتاط

حالِ دل کس سے کہوں اُن کے سوا محفل میں
میرا اپنا تو کوئی جاننے والا بھی نہیں

میں نے ساقی کی نگاہوں کا بھرم رکھا ہے
روز پیتا ہوں مگر میں کبھی پیتا بھی نہیں

میکدے میں بخوشی آؤ مگر اپنے ساتھ
دیر و کعبہ کی روایات نہ لاؤ۔ یارو!

وجہِ تفریق ہیں یہ دیر و کلیسا و حرم
اب کوئی ایسی عمارت نہ بناؤ۔ یارو!

عالمِ حیرت کو آؤ بخش دیں رنگینیاں
ہم تمھیں دیکھا کریں تم آئینہ دیکھا کرو

رہبری تم سے اگر ممکن نہیں تو کم سے کم
دوسروں کی راہ میں روڑے نہ اٹکایا کرو

تیرگیِ جہل میں جس نے جلائے تھے چراغ
اب کہاں وہ آدمی ہے اور وہ شانِ زندگی

کوئی رہرو راہِ منزل میں نہ بھٹکے اس لیے
ہر قدم پر ہم نے چھوڑے ہیں نشانِ زندگی

مشکل پڑی تو بیٹھ کے قسمت کو رو لیے
یہ حال ہے تو خیر سے سب کام ہو لیے

راہیؔ کا یہ اصول رہا ہے کہ راہ میں
جس نے بھی اُن کا ساتھ دیا اُس کے ہو لیے

ہم کو نہ ملی ہوتی اگر فطرتِ عصیاں
اے رحمتِ باری! تجھے زحمت نہیں دیتے

حالات زمانے کے بدل سکتا ہوں راہیؔ!
لیکن مجھے حالات اجازت نہیں دیتے

موت کے سائے جہاں ذہن پہ چھا جاتے ہیں
لوگ سچ بات بھی کہتے ہوئے گھبراتے ہیں

کون سا کام ہے امکان کی حد سے باہر
حوصلہ چاہیے طوفان بھی تھم جاتے ہیں

دلِ مضطر کو خدا ضبط کی توفیق تو دے
غم کی تاثیر بدل جاتی ہے غم کھانے سے

بحث کرتے ہو مگر یہ بھی سمجھ لو راہیؔ!
گتھیاں اور اُلجھ جاتی ہیں سُلجھانے سے

حق پرستی کے زعم میں گم تھا
وہ جو گرویدۂ تو ہم تھا

کیا کہا ۔ ایک بار پھر کہیے
میں کسی کے خیال میں گم تھا

تاریخِ عہدِ ماضی یہ کہہ رہی ہے ہم سے
بہکے تھے جو کرم سے سنبھلے ہیں وہ ستم سے

اے دوست زندگی کی راہوں کے پیچ و خم بھی
کچھ کم نہیں ہیں تیری زلفوں کے پیچ و خم سے

سُبحان اللہ! عقیدت کی وہ منزل ۔ اے برہمن جب
تجھے پتھر کی مُورت بولتی معلوم ہوتی ہے

عبث الزام مت دو مشکلاتِ راہ کو ۔ راہیؔ!
تمھارے ہی ارادے میں کمی معلوم ہوتی ہے

یاد آجاتے ہیں بھولے ہوئے خوابوں کی طرح
ہائے۔ وہ چہرے جو کھلتے تھے گلابوں کی طرح

جب کبھی ہم نے اُٹھائی ہے نگاہِ مُشتاق
اُس نے پلکوں کو جھکایا ہے حجابوں کی طرح

یہ ہوا احساس ہم کو دل کے کھو جانے کے بعد
زندگی کو چاہیے اک رازدارِ زندگی

انقلاب آتا ہے لے کر اک نئی فصلِ بہار
جب اُبل پڑتا ہے کوئی آبشارِ زندگی

یہ مانا رند مشرب ہوں مگر تم کو کبھی واعظ!
نہ مل پائے گا میری راہ میں اک نقشِ باطل تک

اسی رفتار سے بڑھتے رہے آگے تو پھر۔ راہیؔ!
پہنچ ہی جاؤ گے اک دن بحمداللہ منزل تک

پلٹ دیتے ہیں ہم موجِ حوادث عزم و جرأت سے
کہ ہم نے آندھیوں میں بھی چراغ اکثر جلائے ہیں

ہمیں حق ہے کہ ہم خود فیصلہ صادر کریں۔ راہی!
سبھی کہتے ہیں "راہِ حق کا ہم پیغام لائے ہیں!"

جو بات نگاہوں سے کہہ دی ہے سرِ محفل
جو کہہ نہ سکا ہوں میں۔ وہ اُس کی وضاحت ہے

وہ گالیاں دیتے ہیں اور سُن کے میں ہنستا ہوں
وہ اُن کی طبیعت ہے۔ یہ میری طبیعت ہے

اگر واعظ! دلیلوں میں تمھاری کوئی دَم ہوتا
تو کیوں میں اس قدر بے گانۂ دیر و حرم ہوتا

اگر پیدا ہوئے ہوتے گئے وقتوں میں تم۔ راہی!
تمھاری حق بیانی پر تمھارا سر قلم ہوتا

فنا ہو جاؤ گے اور مر مٹو گے
اگر جذبات کی رَو میں بہو گے

جو پستی میں پڑے ہیں اُن کو راہیؔ!
اُٹھاؤ گے تو تم خود بھی اُٹھو گے

غم کا عالم عجیب ہوتا ہے
کوئی ہنستا ہے کوئی روتا ہے

سچ تو یہ ہے کہ ایک فرقہ پرست
اصل میں خود پرست ہوتا ہے

رند جب پی کے لڑکھڑاتا ہے
مے پرستی پہ حرف آتا ہے

سانپ دبنے پہ کاٹتا ہے مگر
آدمی بے سبب ستاتا ہے

خود اپنا خون دے کر آپ نے دُنیائے فانی کو
بڑا اعزاز بخشا ہے حیاتِ جاودانی کو

یہی مژدہ ملا ہے تجھ سے میری حق بیانی کو
کہ ترسے گا ہمیشہ ظُلم اپنی کامرانی کو

گماں تک بھی نہ تھا مجھ سے اُلجھ کر
مرا انداز واعظ لے اُڑے گا

نہ کُھل جائے کہیں رازِ محبّت
زمانہ تیرے چہرے کو پڑھے گا

حُسین گلشنِ توحید کے نگہباں تھے
وہ ریگ زارِ بلا میں بھی گُل کھلا کے رہے

امینِ نُورِ رسالت حُسین تھے ۔ راہی!
"یہی ہُوا کہ اندھیرے شکست کھا کے رہے"

برہمن - ہم نے یہ مانا کہ ہے کافر لیکن
تم بھی تو - یشیخ حرم! کافرِ بُت خانہ ہو

عین ممکن ہے برہمن کا تو دل ہو کعبہ
اور اے شیخ! ترا قلب صنم خانہ ہو

سمو لیتا ہوں میں ہر ہر ادائے کُفر کو دل میں
بڑی وسعت ہے۔ اے مومن! مرا ایمانِ کامل میں

زمانہ حشر تک کرتا رہے گا جن کی تفسیریں
نشاں ایسے بھی کچھ چھوڑے ہیں ہم نے راہِ منزل میں

بے غرض سجدہ جن کا مسلک ہے
ہم کو اُن کی تلاش اب تک ہے

کوئی شکوہ ہمیں نہیں - راہی!
ان کو شک ہے اگر تو بے شک ہے

کر رہے ہیں خزاں پہ وہ تنقید
خود جنھوں نے چمن اُجاڑا ہے

آپ ہم پر ہیں کیوں کرم فرما ؟
آپ کا ہم نے کیا بگاڑا ہے ؟

کثرتِ رائے سے کبھی حق کو
اہلِ باطل دبا نہیں سکتے

ایسے چہروں کو کیوں حسین کہیں؟
جو کبھی مُسکرا نہیں سکتے

اَن کو صرف اک بار دیکھا چند لمحوں کے لیے
اور اِس کے بعد ساری عمُر ہم سوچا کیے

گھر سے باہر راستے میں بھی جلاؤ کچھ دیئے
یہ نہ سوچو کون گزرے گا ادھر سے کس لیے

تم نے حقیقتوں سے بھی سیکھا نہ کچھ مگر
ہم کو کہانیوں سے بھی درسِ وفا ملا

جب رُک گئے تو راستے مسدود ہو گئے
جب اُٹھ گئے قدم تو ہمیں راستا ملا

نظمِ حیات اب ہے بدلنے کو دوستو!
اک انقلاب اور بس اک انقلاب اور

اے ناشناسِ زینتِ اوراقِ کائنات!
میری کتاب اور ہے تیری کتاب اور

پھر کوئی طنز غیر پر کیجے
پہلے خود کو تو معتبر کیجے

رائیگاں کر کے وقت کو راہی!
زندگی کو نہ مختصر کیجے

ہم سے پوچھو بہار کا عالم
ہم نے ان کا شباب دیکھا ہے

ہم نے صحرائے زہد و تقویٰ میں
بندگی کا سراب دیکھا ہے

بھگوتی ہے وہ اپنی مانگ ہر تیوہار پر[1] مے سے
کسی کی مے پرستی اس سے بڑھ کر اور کیا ہوگی

نسیم و نکہتِ گُل کا تعلق ہو حریفانہ
چمن کی بدنصیبی اس سے بڑھ کر اور کیا ہوگی

کوئی جبیں غلط نہ ترا سنگِ در غلط
پابندیِ رسوم عبادت مگر غلط

شیخ اور برہمن میں تصادم ہے ناگزیر
کچھ یہ اِدھر غلط ہے تو کچھ وہ اُدھر غلط

[1] ایک واقعہ سے متاثر ہو کر کہا گیا شعر

رنگِ بہار، نکہتِ گُل ۔ سبزۂ چمن
کس کس کا راز دار بنایا گیا ہوں میں

اُن کی نگاہِ مست کے جلووں کا تذکرہ
جس بزم میں کیا ہے وہیں چھا گیا ہوں میں

ہماری بے بسی دیکھو کہ اپنے سازِ ہستی پر
جو نغمہ ہم کو گانا چاہیے وہ گا نہیں سکتے

جہاں شیخ و برہمن چاہتے ہیں اُس جگہ راہیؔ!
ہم اپنے کاروانِ عزم کو ٹھہرا نہیں سکتے

وید اور قرآں میں جو "تفریق" ہے
وہم خوردہ ذہن کی تخلیق ہے

اُس کے بارے میں ہر اک انسان کا
ہر تصوّر تشنۂ تحقیق ہے

رہنمائی کے ارادے سے رہِ ظلمت میں
صرف اک شمع جلادوں تو یہی کافی ہے

خانۂ کعبہ کی تصویر صنم خانے میں
میں عقیدت سے لگادوں تو یہی کافی ہے

جب کبھی ہوتی ہے دل سے دل کی بات
کس قدر خاموش ہو جاتی ہے رات

مقصدیت حق نوائی کی ہے رُوح
حق نہیں ہے صرف ذکرِ واقعات

ہر ایک تار سے سو بجلیاں کروں پیدا
مرا رباب تو لاؤ۔ بہت اندھیرا ہے
بھٹک نہ جائیں کہیں راستے میں ہم۔ راہیؔ!
چراغِ راہ جلاؤ۔ بہت اندھیرا ہے

چشمِ بینا کو ہر اک راہ میں مل جائیں گے
وہ مقامات جو ترغیبِ عمل دیتے ہیں

جب اصولوں سے نہ تکمیلِ غرض ہو راہی!
لوگ اغراض اصولوں میں بدل دیتے ہیں

جو رہبری کریں گے ہمیشہ حیات کی
چھوڑے ہیں تم نے راہ میں وہ نقشِ پا حسینؑ!

موقوف کچھ نہیں ہے انیسؔ و دبیرؔ پر
راہیؔ بھی کہہ رہا ہے ترا مرثیا حسینؑ!

مری راتیں بھی بیداری میں کٹتی ہیں مگر زاہد!
میں کوسوں دور ہوں شب زندہ داری کی نمائش سے

وہ ذوقِ شاعری کو کیا سمجھ پائیں گے اے راہیؔ!
جنہیں فرصت نہیں ہے شعر کاری کی نمائش سے

بجا ہیں آپ کی یہ احتیاطیں
مگر رُسوائیاں جو ہو گئی ہیں؟

ابھی تک عظمتِ دار و رسن کی داستاں۔ راہیؔ!
جہاں ہم چھوڑ آئے تھے وہیں معلوم ہوتی ہے

مایوس مرے دیش کا کیوں صاحبِ فن ہے
قبروں کی پرستش کا یہاں عام چلن ہے

مُحتسب پی کر بدل دیتا ہے اندازِ کلام
گفتگو میں معرفت کا رنگ لانے کے لیے

نگاہِ مست سے کل شام اتنی پی لی تھی
کہ رات بیت گئی ہے خمار باقی ہے

ایک وہ جس نے محبّت کی۔ مگر
ایک وہ جس کو محبّت ہو گئی

اس ستم گر کا کیا کرے کوئی
جس کا انداز ہو مسیحائی

ظرف تو دیکھیے مرا۔ راہیؔ!
دشمنوں سے نباہ کرتا ہوں

دیکھتا ہوں کہ قدم میرے کھنچے جاتے ہیں
سوچتا ہوں کہ مجھے اُس نے پکارا ہوگا

تیری بے قدری ہے جس گھر میں۔ ترے مرنے کے بعد
تیری تصویریں اُسی گھر میں لگا دی جائیں گی

یہ مولوی ہے یہ راہب ہے یہ برہمن ہے
یہ میکدہ ہے۔ یہاں ہر چراغ روشن ہے

میں اُن کو دیکھ کر بھی مُسکرا دیتا ہوں۔ اے راہیؔ!
کہ جن کا نام سُن کر بھی مجھے تکلیف ہوتی ہے

شوق سے ہم پہ ہنسے گردشِ دوراں لیکن
ہم کو تو گردشِ دوراں پہ ترس آتا ہے

نہ دوسروں سے کہو ایسی بات جو تم سے
کوئی کہے تو گزر جائے ناگوار تمھیں

زُلفِ گیتی سنوارنے والا
میرا دعویٰ ہے۔ مَر نہیں سکتا

کسی مظلوم کو جو صبر کی تاکید کرتے ہیں
ہماری رائے میں وہ ظلم کی تائید کرتے ہیں

خونِ جگر سے لکھتے رہے قصّہء فراق
کیسے کٹی ہے تابہ سحر۔ ہم سے پوچھیے

اللہ رے احتیاط! مرا مدّعائے دل
آ آکے رہ گیا لبِ اظہار کے قریب

کیا قیامت ہے کہ دونوں ہیں گلستاں میں مگر
خندۂ گُل رازدارِ گریۂ شبنم نہیں

تمھارے ساتھ یہ کیسے ہیں کون ہیں کیوں ہیں
کسے کسے یہ بتائیں گے۔ تم نہ ساتھ چلو

دل مخاطِب۔ خدا مخاطَب ہو
پھر کوئی دین ہو کہ مذہب ہو

کسی کا خونِ ناحق رائیگاں جاتا نہیں راہیؔ!
کہ جل جاتی ہے خود بھی شمع جب پروانہ جلتا ہے

نئے چراغ نہ جل پائیں کوئی ہرج نہیں
مگر چراغ جو روشن ہیں وہ نہ بجھ جائیں

مجھے شیخ و برہمن سے نہ کوئی بھی گلہ ہوتا
اگر دیر و حرم کے درمیاں کچھ فاصلہ ہوتا

سر جھکا ہے جو اطاعت کے لیے
اُٹھ بھی سکتا ہے بغاوت کے لیے

تھکنے لگے ہیں پاؤں ترے رہبرِ حیات!
شاید اب اختتامِ مسافت قریب ہے

ہماری اُنگلیاں چھو جائیں دستِ ساقی سے
ہمارے ہاتھ میں آئے تو ایسے جام آئے

خلوصِ دل سے پکارے جو ایک بار مجھے
اُس آدمی کا ابھی تک ہے انتظار مجھے

ہزارِ شیخ و برہمن نے روکنا چاہا
مگر نہ روک سکے آدمی بدل ہی گیا

اُن کا اندازِ گفتگو۔ توبہ!
جیسے کوئی غزل سُناتا ہو

مجال ہے نظر انداز کر سکے کوئی
کہیں ہوں ساقیِ میخانۂ غزل گوئی

اگر اُن کی نظر کچھ آسرا دے
غمِ دَوراں کے پھر دیکھوں ارادے

سوچنے کی یہ بات ہے راہیؔ!
سوچتے ہی رہے تو کیا ہوگا

وہ طنز ہو ادا ہو تصنّع ہو کچھ بھی ہو
آخر وہ مُسکرا کے مجھے دیکھتا تو ہے

یہ اور بات ہے کہ سمجھ میں نہ آ سکا
دل کو مگر یقیں ہے کہ کوئی خدا تو ہے

تم نے روندا ہے مہکتے ہوئے پھولوں کو مگر
میرے احساس نے کانٹوں سے بھی خوشبو لی ہے

خدا کا حکم کتابوں میں ڈھونڈنے والو!
کتابِ خالقِ عالم یہ سارا عالم ہے

بڑھا دیتی ہیں زلفیں اور بھی حسنِ رُخِ تاباں
قیامت ہے اندھیرا روشنی کے کام آتا ہے

مٹا نہ پائے مجھے دشمنوں کے جور و ستم
تو دوستوں کے کرم نے مٹا دیا مجھ کو

کوئی بھی پیڑ ہو اس سے غرض ہم کو نہیں راہیؔ!
جہاں بھی چھاؤں ملتی ہے وہیں آرام کرتے ہیں

دیرینہ تعارف ہے خود مجھ سے مرا۔ راہیؔ!
پھر بھی یہ سمجھنے سے قاصر ہوں کہ میں کیا ہوں؟

دیر و کعبہ کا مخالف تو نہیں ہوں لیکن
میں طوافِ نگہِ یار کیا کرتا ہوں

ہم بدل کر ہی رہیں گے اپنے گلشن کا نظام
آج یہ ممکن نہیں تو خیر۔ آئندہ سہی

خدا پیغام دیتا ہے خود اپنے ہی نظاروں سے
مرا مطلب ہے گلشن سے بیاباں سے۔ بہاروں سے

اپنے حق کے لیے لڑو لیکن
دوسروں کے حقوق مت چھینو

مجھ کو ہے مٹانا تو مٹانے کے لیے آ
تکمیل ضروری ہے فسانے کے لیے آ

ہم اپنے دل سے نہیں مصلحت کے پیشِ نظر
گرے ہوؤں کو اُٹھانے کی بات کرتے ہیں

دُنیا نہ بنی ہے نہ بنے گی کبھی جنّت
دوزخ نہ یہ بن جائے تو اتنا ہی بہت ہے

فکر وہ ہے جو مقیّد نہ ہو پرواز کرے
اور عقاید کی حدوں کو نظر انداز کرے

مجھ کو احساسِ دُوریِ منزل
اور بھی تیز گام کرتا ہے

یہ تیرا کرم ہے کہ مرا ذوقِ تجسّس
جس سمت بھی جاتا ہوں مرے سامنے تو ہے

اللہ کے غضب کا تو بہانہ ہے۔ مگر ہاں
انسان لرزتا ہے خود انسان کے ڈر سے

پنہاں جو کفر دل میں ہے کر اُس کا انسداد
کافی نہیں ہے جلسۂ سیرت کا انعقاد

تعمیر سے زیادہ ضروری ہے دوستو!
جو گر رہی ہو ایسی عمارت کا انہدام

اللہ رے یہ منزلتِ علم و آگہی
لاعلمیت قبول ہو جب سادگی کے ساتھ

شفق میں - عارضِ گلگوں میں چشمِ ساقی میں
کہاں کہاں ہمیں رنگِ بہار ملتا ہے!

بڑھ کے منزل ترے قدموں کی بلائیں لیتی
دل سے اک بار تو منزل کو پکارا ہوتا

میری گداگری کو نسبت ہے لامکاں سے
"دستِ سوال میرا اونچا ہے آسماں سے"

ہم تو ایمان دارِ انساں کو
شاہ کارِ خدا سمجھتے ہیں

بات حق ہے تو پھر قبول کرو
یہ نہ دیکھو کہ کون کہتا ہے

حسیں وعدوں سے دل افسردگی اب کم نہیں ہوتی
کہ جیسے جگنوؤں سے ظلمتِ شب کم نہیں ہوتی

اِس جُرم کی کہ میں نے کسی سے دغا نہ کی
ہے یہ سزا کہ مجھ سے کسی نے وفا نہ کی

نہ پوچھیے جو مزے زندگی کے لوٹے ہیں
کہ اک زمانے سے ہم پر پہاڑ ٹوٹے ہیں

جو دیکھیے تو بہت دُور ہے مگر۔ راہیؔ!
جو سوچیے تو حرم بُتکدے سے دُور نہیں

جب نہ پرواز ہو تخیّل میں
لوگ بے پر کی بات کرتے ہیں

لوگ خیرات دے کے مفلس کو
اپنے رب کو اُدھار دیتے ہیں

اپنی بُرائیوں کو چھپایا نہیں کرتے
ہم کوڑے پہ قالین بچھایا نہیں کرتے

مقدّر پھر اُنھیں جو بھی بنا دے
سبھی ہیں کوریوں تک شاہزادے

شیخ اور برہمن میں کوئی بُرا نہیں ہے
یہ لوگ پیشہ ور ہیں۔ ان کی خطا نہیں ہے

گفتگو یہ کہ خدا ہے سب کچھ
اور عمل یہ کہ خدا کچھ بھی نہیں

شیخ! آؤ بتکدے کو چلیں برہمن کے پاس
یہ اک مشاہدہ بھی ہے رسمِ وفا بھی ہے

مذہبی جامے میں ملبوس سیاسی نعرے
آگ دے دیں گے لگی کو نہ بُجھا پائیں گے

اذاں سُنتے ہی کانپا ہاتھ اور ساغر سے مے چھلکی
جنھیں سمجھا تھا ہم نے رند وہ شیخِ حرم نکلے

میں سمندر سے لڑتا پھرتا ہوں
سب کے ہونٹوں کی تشنگی کے لیے

ہم بصیرت سے کام لیتے ہیں
اس لیے تیرا نام لیتے ہیں

فرض چھوٹا ہو یا بڑا لیکن
وہ ہمیشہ بلند ہوتا ہے

حساب تو نے لیا ہے مرے گناہوں کا
تو مجھ کو اپنے کرم کا بھی کچھ حساب تو دے

اربابِ عقل و ہوش کی کرتی ہیں رہبری
اہلِ جنونِ شوق کی صحرا نوردیاں

اگر جبر و ستم کی طاقتوں سے لڑ نہیں سکتے
کم از کم یہ تو کر سکتے ہو ان کو تقویت مت دو

ہم کوئی پیر تھے نہ پیغمبر
جانے کیوں لوگ بدگمان رہے

خیالِ یار ہی افسردہ دل کو شاد کرتا ہے
نہیں تو کون دُنیا میں کسی کو یاد کرتا ہے

میری طویل داستاں لمحۂ مختصر میں ہے
فلسفۂ حیات و موت جنبشِ یک نظر میں ہے

کس کو کہتے ہیں حقیقت اور کسے کہتے ہیں خواب
آج تک کوئی نہ دے پایا ہمیں اس کا جواب

اندھیرے میں نظر آتا ہے جب کوئی دیا روشن
شعورِ زندگی کو اک نیا پیغام ملتا ہے

پہلے خود اپنا وہ اندازِ تبسّم بدلیں
پھر دیا جائے مجھے درس شکیبائی کا

یہ راز ابھی تک ہے اک راز کہ دیوانہ
کس بات پہ ہنستا ہے کس بات پہ روتا ہے

خبر کرو کوئی بڑھ کر نگاہِ ساقی کو
کہ آ رہی ہے مرے ساتھ گردشِ ایّام

سب ذکرِ رفتگاں تو کیا کرتے ہیں لیکن
نقشِ قدم پہ چلنے کا کس کو خیال ہے؟

کبھی ایسا بھی ہوتا ہے کہ معمولی سی لغزش سے
ہزاروں سال کے مضبوط رشتے ٹوٹ جاتے ہیں

جب وہ پڑھتے ہیں مرا خط۔ راہیؔ!
لوگ چہرے کو اُن کے پڑھتے ہیں

بعض اوقات مُنہ سے نکلی بات
وجہِ صد حادثات ہوتی ہے

بُرا ہوا جو ترا راز کھُل گیا راہی!
اُس انجمن میں تجھے بے زباں پہنچنا تھا

ماضی کے احترام کا مفہوم یہ نہیں
ہر بات جو قدیم ہے ہم کو قبول ہو

حمد جتنی بھی مختصر ہو گی
شیخ! اتنی ہی پُر اثر ہو گی

کبھی گالیوں سے بھی ہوتی ہے۔ راہی!
محبت کے جذبات کی ترجمانی

گھر سے نکلے ہوئے بھیدی کی طرح آنسو بھی
جب نکلتے ہیں تو سب راز بتا دیتے ہیں

میری آنکھوں پہ پڑ گیا پردہ
ان کے آگے سے جب اُٹھی چلمن

بہ ہٰش قدمی پہ وہی شاید کمر بستہ نہیں
جو سمجھتا ہے کہ اُس کے سامنے رستہ نہیں

صحنِ کعبہ کے نظارے دیکھ کر
یاد آجاتا ہے میخانہ مجھے

جو آئے اور نقشِ قدم چھوڑ کر گئے
اُن کے لیے یہ کہنا غلط ہے کہ مر گئے

جا۔ کم سے کم نماز تو پڑھ بُتکدے میں شیخ!
خوشنودیِ مزاجِ برہمن کے واسطے

چھڑا جو تذکرۂ میکشاں تو ساقی نے
کچھ ایسے نام لیے ہیں کہ عقل حیراں ہے

پھیر لیتا ہے نظر ہر آدمی وقتِ زوال
جل چڑھاتا ہے برہمن صبح کے خورشید کو

رکھ کے اُجرت پہ نوحہ گر راؔہی!
جشنِ ماتم منا رہے ہیں لوگ

کیا لوگ تھے کہ جو ابدی نیند سو گئے
خوابیدہ زندگی کو جگانے کے واسطے

میں نے آواز تمھیں دی ہے جس انداز کے ساتھ
تم بھی آواز لگاؤ مری آواز کے ساتھ

مایوس کس لیے ہو پرستارِ راہِ حق!
باطل کی فتح ہوتی ہے کچھ دیر کے لیے

ہزار کوششیں تعمیر کے لیے کم ہیں
تباہ کرنے کو کافی ہے اک شرر تنہا

مطمئن ہونا نہ راہیؔ! قربِ منزل پر کبھی
قافلے لٹتے ہیں اکثر آ کے منزل کے قریب

تیرے دیوانے کو صحرا کی طرف
اک زمانہ ہو گیا گھر سے گئے

اُن کی محفل کہاں اور جنّت کہاں؟
ہر سُنی بات آخر سُنی بات ہے

زباں خاموش رہتی ہے مگر آنکھوں کا کیا کیجے
کہ یہ کم بخت کہہ دیتی ہیں دل کا مُدّعا کیا ہے

شعورِ مے کشی اور شغلِ مے نوشی میں۔ آرزو!
بلا کا فرق ہے جس کو سمجھ لینا ضروری ہے

اسیرانِ قفس! آخر یہ کیا افتاد کر بیٹھے
کہ اربابِ چمن سے شکوۂ صیّاد کر بیٹھے

سایۂ نامِ حق میں ہی۔ راہی!
زعمِ باطل پناہ لیتا ہے

کون کہتا ہے کہ ہر اک حال میں
مطمئن رہنا ہمارا فرض ہے

جنابِ شیخ جو آئے مری عیادت کو
تو برہمن نے یہ سمجھا کہ میں مسلماں ہوا

یہ لازم تو نہیں ہے ہم سفر ہمدرد ہو۔ راہی!
کہ رہزن بھی ہمارے ساتھ تھوڑی دور چلتے ہیں

قصورِ اہلِ چمن! آپ کا بھی ہے ورنہ
بہار اتنی خزاں آشنا نہیں ہوتی

ہماری راہ میں کانٹے بچھائے ہیں جس نے
خدا کرے کہ وہ پھولوں کی سیج پر سوئے

جو بشر خود کو کھو نہیں سکتا
وہ کبھی تیرا ہو نہیں سکتا

یہ چاہتا ہوں نظامِ چمن مُرتب ہو
اور اس طرح کہ ہوں گُل ہر کسی کے دامن میں

ہمارے بزم میں آنے پہ کیوں اتنے پریشاں ہو؟
وہیں پروانے آتے ہیں جہاں شمعِ فروزاں ہو؟

وہی مزاج ۔ وہی فلسفہ ۔ وہی انداز
جنابِ شیخ ہوں یا حضرتِ برہمن ہوں

دھوپ برداشت کر کے ہی تو شجر
راہ گیروں کو چھاؤں دیتا ہے

زندگی ہو نہ ہو مگر یارب !
موت تو کم سے کم مُبارک ہو

تم نے جو جلائی ہے رہِ زیست میں۔ راہیؔ!
اُس شمع کی لو اور ذرا اور۔ بڑھا دو

خوشی سے دعویٔ حق گوئی کیجیے لیکن
کبھی کسی کے نہ مجروح کیجیے جذبات

تعصب میکدے میں بھی اگر۔ ساقی! روا ہوتا
تو پھر دیر و حرم اور میکدے میں فرق کیا ہوتا

خود فریبی سے شیخ! کام نہ لے
نام اُس کا برائے نام نہ لے

نکہتِ گُل ہے نہ شبنم ہے چمن میں نہ نسیم
کون چُپکے سے یہ کہتا ہے۔ ابھی اور ٹھہر

بدل کے بھیس یہاں شیخ آئے ہیں۔ رندو!
اگر شناخت بھی کر لو تو منہ سے مت کہنا

یہ۔ برہمن بھی سمجھتا ہے وہ گمراہ نہیں
بُت نشانِ رہِ اللہ ہے اللہ نہیں

آپ جو بھی کہیں بجا و درست
آج کل آپ کا زمانہ ہے

نظمِ عالَم ہے منتشر۔ اے دوست!
تیرے گیسو سنوار دوں۔ آجا

بڑی نعمت ہے ہر دستِ مشقّت
مگر وہ ہاتھ جو پھیلا ہُوا ہے

شیخ! کیوں آج کوئے یار میں ہو؟
کیا قیامت کے انتظار میں ہو؟

دیر و کعبہ میں سب فقیر ملے
میکدے میں کوئی گدا نہ ملا

سوچتا ہوں کہ چپ رہوں لیکن
چاہتا ہوں کہ سب سمجھ جائیں

تیری محفل کے جو انداز نہ بدلے۔ اے دوست!
کون آئے گا یہاں۔ کوئی نہیں آئے گا

جی میں جو آئے کہیں شیخ و برہمن لیکن
دیر و کعبہ میں خدا ہے۔ مجھے تسلیم نہیں

ارے خدا کے لیے۔ شیخ و برہمن! خاموش
منافرت کی یہ باتیں۔ خدا کے نام کے ساتھ؟

کہاں تھے تا بہ سحر شیخ و برہمن۔ راؔہی!
اب آ گئے ہیں چراغِ سحر جلائے ہوئے

یہ کافر ہے یہ مومن ہے یہ کہہ دینا تو آساں ہے
مگر تمیزِ اہلِ کفر و ایماں سخت مشکل ہے

کس قدر شوخ ہے مزاج اس کا
حُسن کو جس نے سادگی دی ہے

اہلِ خرد کم از کم اُٹھ کر سلام کر لیں
دار و رسن کی جانب دیوانے جا رہے ہیں

ممکن نہیں کہ طنز کروں اور اثر نہ ہو
لیکن اُس آدمی پہ جو اہلِ نظر نہ ہو

میرے احساس کو اتنا نہ کریدو۔ ورنہ
دل میں جو آگ دبی ہے وہ بھڑک جائے گی

مرے کلام کے مخصوص رنگ ہیں۔ راہیؔ!
مرا مذاق بھی تم کو ملے گا سنجیدہ

آپ نے خود ہی سکھلائے ہیں جنوں کے انداز
آپ کیوں دیکھ رہے ہیں مجھے حیراں ہو کر

جسے بھی دیکھیے مجھ پر ہے خندہ زن۔ راہیؔ!
مرے خلوص نے مجھ کو یہ دن دکھایا ہے

مسرّت میرے چہرے سے عیاں ہے
مگر وہ غم جو سینے میں نہاں ہے

میں محبّت کا علمبردار ہوں۔ یہ شیخِ حرم!
میری دنیا اور ہے اور تیری دُنیا اور ہے

اصول کی ہے یہ فطرت کہ مصلحت بدلے
جو مصلحت سے بدل جائے وہ اصول نہیں

اربابِ نظر کے لیے - راہی ! ترا ہر شعر
آوازِ جرس ہے تو کبھی بانگِ درا ہے

آدمی کو جہاں آسودۂ ساحل پایا
ہم نے طوفاں کو وہیں مدِّ مقابل پایا

جنوں کا یہ نہیں ایما کہ گلشن ہی جلا ڈالو
محبّانِ چمن ! دیوانگی کی بھی کوئی حد ہے

ذہن ہے ہموار تو پھر - راہرو !
راہِ ناہموار بھی ہموار ہے

مختلف مذہب - زباں - تہذیب اور رسم و رواج
گلستانِ ہند کے گلہائے رنگا رنگ ہیں

دیوار و در سے گفتگو کرنا فضول ہے
دل کو مگر قرار نہ آئے تو کیا کریں

یہ خلفشار یہ غارت گری تو بند کریں
جو چاہتے ہیں کہ سر قوم کا بلند کریں

وہی احباب میری مشکلوں پر آج ہنستے ہیں
ابھی کل تک میں جن کی مشکلوں میں کام آتا تھا

یہ دیکھتے رہو کہ کہیں کوئی شرپسند
نفرت کے بیج راہِ محبّت میں بونہ دے

یہ سب موقع محل کی بات ہے۔ اے حضرتِ ناصح!
خرد بھی کام آتی ہے۔ جنوں بھی کام آتا ہے

جہاں جہاں میں گیا ہوں سکونِ دل کے لیے
وہاں وہاں مجھے ہر شخص بے قرار ملا

شیوۂ دوستی کہاں؟ راؔہی!
جب سلیقہ نہ ہو عداوت کا

چہرے سے انھوں نے جب زلفوں کو ہٹایا ہے
جو سوچ نہ سکتے تھے وہ سامنے آیا ہے

دیکھو کہ نامِ عشق کی توقیر کم نہ ہو
مطلب یہ ہے کہ غم تو ہو اظہارِ غم نہ ہو

موسیٰ کا ذکرِ خیر تو ضمناً ہے دوستو
دیکھی ہے ورنہ کس نے تجلّیِ کوہِ طور!

اُن کے تیور تو دیکھیے راہیؔ!
جیسے ہم کو مٹا کے چھوڑیں گے

اگر اسی کو سمجھتا ہے تو عمل - واعظ!
اٹھا کے طاق میں رکھ دے اصول کی باتیں

مُسکرانا ہے اب لبِ خاموش!
ضبطِ گریہ کی انتہا کے لیے

تجھ کو آیا نہ جفا کا بھی سلیقہ - اے دوست!
مجھ کو اندازِ وفا.. تیری قَسم! آتے ہیں

زاہد! تمھاری بزم میں ہم جا کے کیا کریں
آؤ کہ میکدے میں ہی ذکرِ خدا کریں

آپ کے حُسنِ سماعت پر ہے - راہیؔ! منحصر
داستاں میری حقیقت بھی ہے افسانہ بھی ہے

زندگی اے زندگی (انتخاب کلام) 86 ڈِواکر راہی

ہزاروں مشکلیں ہیں ہاں مگر یہ تو سہارا ہے
کہ جب گرداب میں آیا ہوں ساحل نے پکارا ہے

جب ہماری جستجو بے گانۂ انجام ہو
پھر تعاقب میں بھلے ہی گردشِ ایّام ہو

لوگ جی لیتے ہیں ہر ماحول میں
ہاں مگر جو صاحبِ احساس ہو؟

اور بڑھ جاتی ہے آگے اپنی منزل کی طرف
کشتیِ عزم و عمل طوفاں سے ٹکرانے کے بعد

وہ ایسا جلوہ دکھاکر چلے گئے راہی!
کہ اب ہمیں کوئی جلوہ نظر نہیں آتا

جس پہ نورِ سحر تصدق ہو
کاش ایسی بھی کوئی شام آئے

سبھی نے اس سے جلائے ہیں اپنے اپنے چراغ
وہ ایک شمع جو ادراک نے جلائی ہے

کسی طرح بھی دُعا مانگیے دُعا ہے مگر
خلوص و صدقِ دلی چاہیے دُعا کے لیے

جبر یا حول یہ جب سایہ فگن ہوتا ہے
وجہِ رُسوائیِ اربابِ چمن ہوتا ہے

مُصیبت میں کسی کے کام آنا ٹھیک ہے راہیؔ!
مگر ترکِ تعلق کا یہ اکثر پیش خیمہ ہے

خود تو راون ہیں اور یہ خواہش ہے
گھر میں سیتا سی ہو رفیقِ حیات

نقابِ لالہ و گُل سے ردائے ماہ و انجم تک
ہر اک شے میں ہمیں عکسِ جمالِ یار ملتا ہے

ہمارے واسطے رہبر سے بڑھ کے ہے راہیؔ!
ہر ایک میل کا پتھر جو رہگذر میں ہے

ایسی پلا کہ ساقیِ میخانۂ حیات!
میرے ہر ایک شعر میں تیرا پیام ہو

خدا کے نام پر کچھ بھی ہوا ہو
نہ ہو یہ نام بھی تو جانے کیا ہو

علاوہ حق کے کسی بات پر نگاہ نہیں
اِسی لیے تو ہمارا کہیں نباہ نہیں

تیرے خدا کی بابت کچھ بھی پتا نہیں ہے
دیر و حرم میں ۔ واعظ! میرا خدا نہیں ہے

وہ کیا سنوار سکیں گے حیات کے گیسو
جو آدمی ہیں اسیرِ رواج و رسمِ کہن

لے گیا طوفاں بہا کر مجھ کو منزل کی طرف
دُور تک آواز دیتا رہ گیا ساحل مجھے

پسِ پردہ جو ہو بیداد۔ راہیؔ!
میں ایسی داد کا خواہاں نہیں ہوں

جو اعتماد کو اک بار ٹھیس پہنچا دے
اس آدمی کا دوبارہ نہ اعتبار کرو

جو سچ پوچھو تو وہ ساعت بڑی دشوار ہوتی ہے
اصولوں سے غرض جب برسرِ پیکار ہوتی ہے

فرائض اہلِ کشتی کے بھی کچھ ہوتے ہیں اے راہیؔ!
یہ مانا ناخدا کے ہاتھ میں پتوار ہوتی ہے

ترے جلووں کو شیخِ محترم کچھ اور کہتے ہیں
برہمن اور کچھ کہتا ہے ہم کچھ اور کہتے ہیں

زندگی اور صرف جینے کے لیے
زندگی اتنی تو بے مقصد نہیں

بہت حسیں ہے تمھاری یہ مصلحت واعظ!
جہاں کوئی نہ گیا ہو وہاں کی بات کرو

شیخ! سمجھانے اگر جاؤ تو دیوانے کے پاس
ایسے جاؤ جیسے دیوانے کو جانا چاہیے

یہ اپنا اپنا عقیدہ ہے اپنا اپنا خیال
جو سوچیے تو عذاب و ثواب کچھ بھی نہیں

سربلندی کی تمنّا ہے تو بھارت والو!
اپنے پیروں پہ کھڑے ہونے کی عادت ڈالو

اُس حُسنِ دل نواز کو دیوانہ چاہیے
مطلب یہ ہے کہ شمع کو پروانہ چاہیے

دن ڈھلا تھا کب نہیں معلوم کب کی بات ہے
کب سحر ہوگی۔ دلِ ناداں! یہ کیسی رات ہے؟

خدا کا نام لینا ہی عبادت ہے تو۔ اے زاہد!
کبھی انسان نیکی کی طرف راغب نہیں ہوگا

وقتِ آغاز تو دیتے ہیں دُعائیں سب لوگ
پھر وہی ہنستے ہیں ناکامیِ انجام کے بعد

حالِ دل کہہ کے جب کہا "سمجھے"
اُس نے 'ہاں' کہہ دیا بنا سمجھے

جب آپ جائیں تو اے محتسب! خدا کے لیے
ضرور کہیے گا پیرِ مغاں کو میرا سلام

خود اپنے جہل کا احساس کرنا
حصولِ علم کا پہلا قدم ہے

چہرہ خود اک کتاب ہے راہی!
کوئی پڑھ پائے یا نہ پڑھ پائے

انھیں دیکھا تو مجھ کو یہ لگا اک سنگِ مرمر کو
کسی فنکار نے اک نور کے پیکر میں ڈھالا ہے

عجب سرگوشیاں ہیں آج یہ ماحول میں راہی!
سمجھ میں کچھ نہیں آتا کہ اب کیا ہونے والا ہے؟

تو اپنی تنگیِ داماں کو دیکھ یہ شیخِ حرم!
ہماری وسعتِ فکر و نظر پہ طنز نہ کر

آدمی کیا ہے یہ سمجھ لینا
آدمی کی سمجھ سے باہر ہے

لوگ کہتے ہیں کہ محفل میں مرے آتے ہی
اُن کی نظروں کے کنایات بدل جاتے ہیں

اُس کو رونا ہے تو رونے کا سلیقہ سیکھے
شمعِ محفل کو اُٹھا لاؤ کہ ہم روتے ہیں

گر گئی قرب کی دیوار تو احساس ہوا
میں ترا جسم نہیں تھا۔ میں ترا سایہ تھا

دین و مذہب ہیں ہمارے واسطے
ہم نہیں ہیں دین و مذہب کے لیے

آدمیّت کی بقا کے واسطے
لوگ دیتے ہیں خدا کے واسطے

قربتیں داغ نہ دے جائیں کہیں اِس ڈر سے
اپنے گھر میں بھی رہا کرتے ہیں ہم بے گھر سے

کسی عُنوان بھی ایذا رسانی
مری نظروں میں قربانی نہیں ہے

محتسب منجملۂ اربابِ میخانہ نہیں
مے کشی کے لطف سے لیکن وہ بیگانہ نہیں

ہو تو سکتی ہیں تمہاری مشکلیں بھی حل مگر
وقتِ مشکل تم کسی کے کام آؤ تو سہی

سوئے منزل جو قدم ہم نے بڑھائے راہی!
لغزشوں کو بھی چراغِ رہِ منزل پایا

صرف تیرا کہا ہوا حق ہے
ایسا دعویٰ غلط ہے ناحق ہے

حق کہیں ہو کسی بھی شکل میں ہو
اُس پہ ہر حق پرست کا حق ہے

برہمن اور شیخ اپنے یار ہیں
اس لیے ہم غیر جانب دار ہیں

لاکھ دعویٰ کوئی کرے لیکن
حق پہ کس کی اجارہ داری ہے؟

نہیں ہے گریۂ و شکوہ پہ کوئی پابندی
قفس نصیب کی آزادیاں! معاذاللہ!

وہ نشاں جو ہیں منزل کا پتا دیتے ہیں
ہائے۔ کچھ لوگ انھیں کیسے مٹا دیتے ہیں؟

عدل و انصاف کی دے دے کے دُہائی کچھ لوگ
ہم کو ناکردہ خطاؤں کی سزا دیتے ہیں

غم غلط کرنے کو پی لیتا ہوں گاہے گاہے
آپ کہتے ہیں کہ عادت ہے تو عادت ہی سہی

منزلِ راہِ محبّت مری آسان تو ہو
وہ مرے حالِ پریشاں پہ پریشان تو ہو

جہل اک ایسی رات ہے جس میں
چاند تارے نظر نہیں آتے

اُس بُت کو بے خودی میں خدا کہہ گیا ہوں میں
جو کچھ بھی کہہ گیا ہوں۔ بجا کہہ گیا ہوں میں

سب دُہائی تو ترے نام کی دیں گے لیکن
کون ڈھونڈے گا ترے نقشِ قدم میرے بعد؟

میں نہ کہتا تھا کہ بللہ جفائیں نہ کرو
اب دُعا مانگ رہے ہو مرے جینے کے لیے

جو آہِ سرد کو سوزِ الم سمجھتے ہیں
وہ لوگ ضبطِ محبت کو کم سمجھتے ہیں

تمھارے بعد کیا کیا سوچتا رہتا ہے یہ لیکن
تمھارے سامنے اِس دل کی حالت غیر ہوتی ہے

کیا رہزنوں نے اُن سے کچھ کہہ دیا ہے راہیؔ!
کیوں راہبر ابھی سے بیزار ہو گئے ہیں؟

کام یوں آئیں مری بربادیاں
دیکھنے والوں کو عبرت ہو گئی

اہلِ زر ہو کر بھی جو کنجوس ہے
بد نصیبی اُس کی دیکھا چاہیے

جہاں فسردہ ہوں گُل اور خار ہوں خنداں
وہ گلستاں ہے تو اُس گلستاں کو میرا سلام!

ہم نے اسلام کی قدروں کے لیے اے راہیؔ!
یہ ضروری نہیں سمجھا کہ مسلماں ہو جائیں

زندگی اور موت کے مابین
جی رہا ہوں یہ حوصلہ کم ہے؟

لوگ کہتے ہیں کہ راہیؔ! دَم غنیمت ہے ترا
اِس تعصب اور اُردو دُشمنی کے دَور میں

تہی دست و ستم دیدہ۔ فسردہ دل۔ اداس آنکھیں
بسا اوقات اِن حالات میں فن کار ملتا ہے

زمانے بھر کی نگاہوں میں ایک قاتل ہے
وہی وہی جو مری زندگی کا حاصل ہے

مجھ سے ازراہِ نوازش وہ کہا کرتے ہیں
ہم بھی راہیؔ! ترے اشعار پڑھا کرتے ہیں

پڑھنے والوں سے ہم کو اے راہیؔ!
دادِ حُسنِ کلام لینا ہے

خدا نہیں ہے تو ایجاد کر اُسے ۔ راہی!
کہ زندگی کے لیے وہ بہت ضروری ہے

بُزدلی اور دروغ گوئی کا
دائمی اور اٹوٹ رشتہ ہے

آپ مانیں نہ مانیں شیخِ حرم!
دلِ پاکیزہ اصل جنّت ہے

جہاں قانون تھک جائے گا۔ راہی!
وہیں سے ظلم کا آغاز ہوگا

اعلیٰ مقصد کے واسطے ۔ راہی!
جان دینا بھی کامیابی ہے

میرا یہ تجربہ ہے، اہلِ خرد!
گوشۂ جہل ہر دماغ میں ہے

بے ضرر ہے وہ لفظ ۔ اے راہی!
جو زباں پر کبھی نہیں آتا

تم جو پہنچے تو مرے گریۂ غم تک پہنچے
رِس رہا ہے کوئی ناسور تمھیں کیا معلوم؟

تری جبیں پہ بَدلتی ہوئی لکیروں میں
حیات و موت کا اک سلسلہ نظر آیا

سچ کہا ہے رسول نے۔ راہی!
ماں کے قدموں کے نیچے جنّت ہے

جوشِ وحشت کو خرد کی باگ ڈور
اور خرد کو تازیانہ چاہیے

کسی زبان سے نفرت نہیں ہمیں لیکن
ہمارے واسطے اُردو زباں ضروری ہے

خبر بھی ہے تجھے۔ اے مصلحت بیں!
دیانت سب سے بڑھ کر مصلحت ہے

ہر ایک دَور میں اور ہر زباں میں راہی!
مرا عقیدہ ہے۔ اُس کا پیام آیا ہے

قطعات

بہ صد عزمِ محکم بڑھے جائیے
بہ ہر گام گفتند از ما نقیب
ندا غیب سے بھی یہ آنے لگی
کہ "نصرٌ مِّنَ اللّٰہِ فتحٌ قریب"

غم یہ نہیں کہ فرقہ پرستی کی جنگ میں
ہندو کوئی مرا کہ مسلمان مر گیا
غم ہے تو مجھ کو یہ ہے کہ مذہب کے نام پر
شیطاں کو زندگی ملی انسان مر گیا

ہر اختلافِ مذہب و مِلّت کے باوجود
سب ہیں مری نظر میں برابر۔ خدا گواہ!
اک سمت بُت پرست ہیں اک سمت بت شکن
دونوں کے درمیاں سے گزرتی ہے مری راہ

اِسی لیے کہ یہ تفسیرِ زندگانی ہے
مرے کلام میں جو کچھ ہے حق بیانی ہے
کلام لائقِ تحسیں وہی ہے۔ اے راؔہی!
کہ جو سُنے وہ کہے "میری ترجمانی ہے"

میرا آئین ہے تجدیدِ نظامِ عالَم
وہ جو پیوند لگائے مرا منشور نہیں
قوم و مذہب کی یہ تفریق۔ یہ چھوٹا یہ بڑا
میرے میخانے میں ایسا کوئی دستور نہیں

مرے سر کیوں غلط الزام ہے میں سخت حیراں ہوں
کہ میں قصداً تری راہِ اطاعت سے گریزاں ہوں
جو عزّت تو نے خود بخشی تھی اس کی لاج رکھ۔ یا رب!
فرشتوں نے جسے سجدہ کیا تھا میں وہ انساں ہوں

مجھے تسلیم ہے منجملۂ اربابِ عصیاں ہوں
مگر اپنے وقارِ بندگی پر پھر بھی نازاں ہوں
یہ مانا۔ لغزشیں مجھ سے ہوئی ہیں۔ اور بھی ہوں گی
مگر میں کیا کروں مجبورِ فطرت ہوں کہ انساں ہوں

تعجب ہے یہاں بھی فرقِ خاص و عام ہوتا ہے
تعصّب کا بہ ہر عنواں بُرا انجام ہوتا ہے
مجھے پیمانہ۔ اِس کو جام۔ اُس کو خُم۔ ارے ساقی!
یہی باتیں ہیں جن سے میکدہ بدنام ہوتا ہے

دکھا دکھا نہ دکھا راہِ حق ہمیں لیکن
خدا کے واسطے ہم کو کبھی فریب نہ دے
یہ احتیاط بھی لازم ہے۔ واعظِ ناداں!
وہ بات منہ سے نہ نکلے جو تجھ کو زیب نہ دے

اے آسماں! زمیں پر آخر یہ کیا ستم ہے
جس سمت دیکھتا ہوں سیلابِ اشکِ غم ہے
اس کو جنھوں نے دیکھا ان کی تو بات ہی کیا؟
جس نے کبھی نہ دیکھا وہ آنکھ بھی تو نم ہے

وہ انسان کتنے ہیں جو درحقیقت
سمجھتے ہیں مفہوم اشعارِ غالب
سخن فہم دُنیا میں عنقا ہیں لیکن
جسے دیکھیے ہے طرفدارِ غالب

آزادیِ فطرت کا تقاضہ ہے کہ راہی!
ذہنوں سے غلامی کی خباثت کو مٹائیں
قانون بنائے گا بھلا کیا ہمیں آزاد
آؤ، ہمیں قانون کو آزاد بنائیں

جس کھیت سے دہقاں کو میسّر نہ ہو روزی
اُس کھیت کو کس نے یہ کہا۔ آگ لگا دو
دہقاں کو میسّر تو ہو ہر کھیت سے روزی
صرف اِس کی ضرورت ہے کہ احساس جگا دو

عجب اندھیر ہے اس دورِ پُر آشوب میں۔ راہیؔ!
ہمیں جن کی ضرورت ہے وہی کم ہوتے جاتے ہیں
نظر آتی تو ہیں بڑھتی ہوئی آبادیاں پیہم
تری دُنیا میں۔ یارب! آدمی کم ہوتے جاتے ہیں

بناتا ہے وہ مٹّی کے گھروندے شوق سے لیکن
بنا کر طفلِ ناداں خود انھیں مسمار کرتا ہے
ہمیں محسوس ہوتا ہے کہ وہ اِس کھیل سے راہیؔ!
جہاں کی بے ثباتی سے ہمیں ہشیار کرتا ہے

نامِ رسولِ پاک تو لیتے ہو رات دن
لیکن رسولِ پاک کو تم جانتے بھی ہو؟
راہِ عمل میں اُن کے مقدّس نقوشِ پا
للّٰہ سچ بتاؤ کہ پہچانتے بھی ہو؟
